DE LA DEVISE

LIBERTÉ, ÉGALITÉ, FRATERNITÉ!

SAINT-CLOUD. — IMPRIMERIE DE BELIN-MANDAR.

DE LA DEVISE

LIBERTÉ, ÉGALITE, FRATERNITÉ!

COMME DOGME

DE LA

CONSTITUTION DE 1848.

> Si le désordre dans les faits en met dans
> les principes, l'anarchie n'est-elle point
> aussi dans les faits que parce qu'elle existe
> déjà dans les principes?

A. PRÉTREL (de Rouen).

❖

PARIS, 1849.

AVANT-PROPOS.

Nouveau venu dans l'arène politique, j'aurais voulu méditer plus longtemps sur la forme et le fond de cet écrit pour le rendre plus digne de fixer l'attention de mes concitoyens, auprès de qui l'obscurité de mon nom pourrait nuire aux idées que j'expose. Mais le temps presse. En des jours ordinaires, il convient de consulter les raisons de modestie qui invitent à s'abstenir de s'immiscer en des débats où notre inexpérience deviendrait présomption. Mais aujourd'hui que notre pauvre navire vogue à l'aventure, sans avoir trouvé le principe puissant qui le guide et lui serve à maîtriser la tempête, à qui peut-il être permis de taire ce qu'il croit utile à dire, sans pour cela prétendre, comme

les charlatans de nos jours, au rôle de pro-
phète ou de révélateur? Ce n'est donc point
un droit que je prétends exercer, mais un
devoir que je crois remplir ; et je me hâte de
le faire avant que le tourbillon révolutionnaire n'emporte moi et la modeste pierre
que je désire apporter à la réédification de
notre société française, si malheureusement
ébranlée, pour ne pas dire ruinée.

Janvier, 1849.

SOMMAIRE.

—

cluent logiquement à la négation du principe dont ils se disent chacun l'affirmation.

VII. Thèse : Ou, avec les plus furieux socialistes, logiquement vous admettez les trois principes absolus qui tendent à se détruire et mentent à la nature de l'homme, — ou, désertant la logique, vous avouez la nécessité humaine d'un principe températeur.

VIII. Qu'il n'est écrit nulle part dans le dogme républicain, — ni suppléé par aucun des trois termes, qu'on se vante d'avoir lus dans l'Evangile ; qu'il fallait savoir y en lire encore un autre, — le principe d'autorité.

IX. De l'autorité. — Sens équivoque du mot égalité, — principe de jalousie. — L'équité, — principe de justice. — De la liberté, — limitée par l'autorité que tempère le principe modérateur, l'équité. — Dogme civil : *Liberté, équité, autorité.* Dogme religieux : *Foi, espérance, charité.*

X. Conclusion. — Danger d'une concession irréfléchie faite au parti révolutionnaire. — Nécessité de ruiner un dogme faux qui fortifie la discussion des ennemis de la société et affaiblit celle de ses défenseurs. — Devise de l'an iii — insuffisante, — celle qui nous sauve :

DIEU PROTÉGE LA FRANCE !

DE LA DEVISE RÉPUBLICAINE.

C'était une coutume sacrée dans l'anti-
quité, révérée dans le moyen âge, et à laquelle
nos temps modernes n'ont pu refuser de
rendre hommage, que d'attacher le salut d'une
famille, d'une ville ou d'un empire à quelque
palladium symbolique, écrit ou figuré, mys-
térieux ou public suivant le génie des temps
et des peuples. Telle était cette formule mys-
tique, cette appellation sacrée connue des
seuls patriciens de Rome pour désigner la
ville éternelle ; tandis que d'âge en âge parmi
la plèbe aussi se transmettait la foi aux destinées de la future reine du monde par je ne
sais quels vers sibyllins servant de refrain à
quelques vieux chants des Saliens ; telles aussi
ces armoiries héréditaires enrichies de quelque sentence formant devise, et destinées

à perpétuer dans la famille féodale, soit la pratique de quelque vertu d'un illustre ancêtre, soit la tradition d'une gloire passée, soit l'ambitieuse espérance de quelque brillant avenir. Des familles, ces devises symboliques passèrent aux Etats et aux villes; tous eurent la leur, et même dans ces temps de ruine et de destruction où le présent semblait vouloir briser les chaînes du temps et mettre un abîme entre lui et le passé, il y a bientôt soixante ans, chez nous, à côté d'emblèmes plus ou moins horribles, se déroulaient souvent en caractères de sang ces mots : *Liberté, égalité, fraternité* ou *la mort*, la terrible devise de notre sanglante République de 93. Devise qui, grâce à nos mœurs adoucies, réduite aujourd'hui aux trois seuls premiers mots, vient d'être adoptée pour servir de dogme civil par nos modernes constituants; ainsi corrigée et de plus amendée par le commentaire en huit articles qui ouvre notre constitution, les uns l'ont reçue avec enthousiasme, les autres avec satisfaction modérée, beaucoup avec indifférence. Mais les auteurs de la constitution, l'acceptant de nos modernes révolutionnaires qui l'avaient remise en honneur, l'ont-ils inscrite en tête de leur œuvre, simplement comme un gage de leur républicanisme? ou bien la croient-ils la plus pure expression des doctrines démocratiques? Enfin ont-ils obéi à leur réflexion bien raisonnée, bien mûrie, plus qu'aux inspirations du dehors? C'est ce que je n'entreprends point de rechercher ou d'éclaircir; mais il est une question à mes yeux plus importante: la devise républicaine, comme symbole de notre nouveau pacte social, peut-elle assurer à la société, lui garantir et réaliser les bienfaits qu'elle nous promet dans ses développements dogmatiques? C'est là ce que je veux examiner.

II.

S'il est un point qu'on ne saurait me contester, c'est celui-ci : que la devise républicaine doit être le résumé complet de la constitution ou celle-ci le développement fidèle de la première; que si l'une vient à contredire l'autre, ou la constitution est plus qu'incomplète, et veut être changée et corrigée, soit dans son esprit, soit dans sa lettre, ou bien la devise qui lui sert de symbole, contient quelque erreur en germe, et doit faire place à un dogme plus vrai. Par le temps qui court, il est peut-être périlleux de discuter la constitution; toutefois si ma thèse l'exigeait, je ne craindrais pas d'aborder ce terrain brûlant, sûr de le faire avec la plus parfaite indépendance d'esprit et la plus respectueuse impartialité à l'égard d'une assemblée dont nul plus que moi n'a honoré le patriotisme et le courage. Mais pour mon sujet ce serait une discussion oiseuse; il me suffit de le dire : Qu'on lise seulement cette constitution et son préambule, et ce qui n'était qu'hypothèse de ma part devient une certitude. Oui, il y a contradictions manifestes et fréquentes entre la constitution et son dogme. — Non, la devise républicaine n'est point le fidèle résumé du nouveau pacte constitutionnel. — Or pour prévenir toute fâcheuse interprétation de ma pensée, si, selon moi, ce désaccord est le fruit de l'erreur, l'erreur est dans le dogme, dans la devise républicaine.

Que blâment le plus dans la constitution nos révolutionnaires ? Précisément telle ou telle disposition que tout esprit honnête et éclairé aime le plus à y rencontrer, et ils la blâment au nom des principes, liberté, égalité, fraternité, dont on a, disent-ils, redouté d'appliquer les conséquences. Si la logique est pour eux, la justice et la sagesse sont de l'autre côté, et aux applaudissements du pays, nos constituants ont dû et moralement n'ont pu que se montrer inconséquents plutôt que d'obéir à l'erreur manifeste et palpable issue d'un principe faux. — Oui, les révolutionnaires ont raison, la constitution n'est point fidèle à son dogme. — Mais pouvait-elle ou plutôt a-t-elle dû l'être? Oui, disent ces messieurs. A quoi la France entière répond : Non, elle ne le devait pas. Donc si ce désaccord entre la constitution et sa devise éclate principalement dans celles de ses dispositions qui ont le plus mérité l'approbation presque unanime, suis-je téméraire que d'accuser d'erreur cette devise de notre démocratie, et comme dogme civil, d'oser la déclarer impuissante à rien fonder, si ce n'est peut-être l'anarchie?

IV.

Discuter la constitution est chose scabreuse, disais-je plus haut ; j'avoue que ce terrain est bien moins brûlant encore que celui que j'ose aborder. Il est assez de mode aujourd'hui de médire de la constitution, et au contraire de n'avoir pour son dogme ni assez d'hommages, ni trop de respect. Dès que cette devise apparut à tous les regards sur les drapeaux, sur les monuments publics, on s'en souvient, les arts, la littérature s'en emparèrent. Sous le ciseau du sculpteur, sous les pinceaux du peintre naquirent trois figures symboliques dont les attributs, selon les croyances religieuses, socialistes et démocratiques de l'artiste, varièrent à l'infini. Si les uns en firent de célestes figures assez proches parentes des trois vertus catholiques, la foi, l'espérance, et la charité ; pour les autres, c'étaient de fortes femmes aux formes matérielles et puissantes, et trahissant peu ou prou dans les accessoires leur origine *démocratique et sociale.*

Il en fut de même pour les orateurs de tous les partis, de toutes les sectes, de toutes les religions ; partout, au club, au théâtre, au temple, qui ne se rappelle les magnifiques mouvements d'éloquence dus aux paraphrases fréquentes de cette devise? Le tribun des clubs, comme l'orateur de la chaire, parlait, prêchait au nom de la liberté, l'égalité, et la fraternité. C'était alors la croyance commune, comme une religion universelle dans laquelle devaient se fondre tous les cultes, toutes les croyances; et pourtant qui lirait aujourd'hui toutes les proclamations, les professions de foi, les brochures, les discours inspirés alors par cette foi nouvelle, ne saurait se défendre du plus pénible, du plus amer étonnement à la vue de cet étrange dévergondage d'idées, de ce chaos des intelligences, cette Babel, cette autre confusion des langues.—C'est pourtant sur ce monstrueux assemblage des doctrines les plus pures et les plus immorales, les plus conservatrices et les plus anarchiques, qu'on voulait édifier les assises du nouvel ordre social. Heureusement le bon sens de la nation et ses nobles instincts exaltés par une grande et généreuse parole, la fraternité, purent alors contraindre toutes les passions basses et cruelles à garder quelque temps le masque qu'elles n'osèrent déposer que plus tard; et ainsi, dans ses premiers jours, notre jeune République fut préservée de toute souillure sanglante.—Mais alors, me dira-t-on, puisque grâce au ciel la divine Providence a permis que cette devise fût notre salut, voudriez-vous être si peu reconnaissant que de vous hâter de la rayer de notre constitution [et de notre mémoire? A Dieu ne plaise qu'on puisse me reprocher un oubli si ingrat; mais osons le dire, si dans la tempête le plus mince et fragile esquif m'aide à me sauver du naufrage, j'en rends grâce à Dieu sans croire qu'à l'avenir je puisse ainsi traverser les mers mieux qu'à l'aide du plus solide navire.

—Si cette devise nous a sauvés, qu'on le sache, c'est grâce au seul de ses termes qui répondît exactement à un sentiment tout nouveau de nos jours dans ce siècle de si grande indifférence, tant de fois et si justement reprochée. Je veux dire le sentiment religieux, qui si longtemps endormi au fond des cœurs s'est soudain réveillé par toute la France. C'est grâce à ce mot essentiellement chrétien, *Fraternité*, que le Christ lui-même et le premier est venu enseigner aux hommes sous ce nom mille fois plus sublime *amour* ou *charité*. Quant aux deux autres termes de la devise, je ne sache pas qu'on pût leur attribuer une valeur si belle, surtout si morale. Et pourtant quoi de plus noble que le principe de liberté, quoi de plus juste que celui d'égalité! Mais quoi! comment nous défendre contre une triste pensée qui nous obsède, contre une terrible conviction, qui malgré nous s'empare de nos esprits, et que l'expérience des temps passés et présents ne fait qu'y confirmer de jour en jour davantage, que de l'union de ces trois principes il n'a pu et il ne peut jamais sortir que l'anarchie. Pourquoi, dominés eux-mêmes à leur insu par je ne sais quel doute, tous ceux qui ont voulu nous enseigner la vraie démocratie et expliquer le dogme de la constitution, ne l'ont-ils fait qu'avec hésitation et timidité? L'un d'eux, l'un des auteurs de cette même constitution dont il vient de publier le texte enrichi de notes aussi judicieuses que sages au point de vue moral et pratique, pourquoi a-t-il préféré ne rien dire du dogme républicain? Je saurai le dire, mais auparavant voyons d'où il nous vient, qui nous l'a donné.

———

Il nous vient, personne ne l'ignore, nous l'avons reçu des sociétés secrètes, quand le but constant de trente années d'efforts une fois atteint, le 24 février eut mis un terme momentané à leur vie militante. Empruntée par

elles aux hommes de 95, dont elles conti-
nuaient et propageaient les doctrines, et qui
eux-mêmes l'avaient reçue des diverses sectes philosophiques, organisées, comme nous
l'expliquerons plus tard, vers la fin du xviiiᵉ
siècle, en loges maçoniques, en aucun temps
nulle devise n'a mieux servi à l'organisation
de toutes ces associations souterraines, liguées
ensemble pour l'attaque et la ruine de tout
système social en possession de régner. C'est
que nulle ne se prête plus docilement aux in-
terprétations les plus étranges, les plus im-
possibles en morale et en politique, comme
aux plus sages et aux plus généreuses. Or, à
part quelques-uns, c'est-à-dire les chefs, gens
qui, plus ou moins convaincus, plus ou moins
fanatiques, connaissent seuls (privilége qu'ils
se réservent toujours) le but réel de leur en-
treprise et ne reculent devant aucun moyen,
fût-ce un crime, pour y atteindre ; à part
ceux-ci, et derrière eux marche, nombreuse
ou non, une agrégation d'hommes qu'on ne
saurait longtemps tenir disciplinée sous ses
ordres, si l'on ne lui offrait quelque noble
drapeau pour la conduire. Car, je le dis à la
gloire de l'humanité, de quelque nature dé-
pravée et corrompue que soit douée une foule
quelconque de ces criminels insensés, toujours armés contre les lois divines et humai-
nes, pas un chef qui puisse, soit un temps,

soit toujours, la guider et la maîtriser à son gré, s'il ne sait de temps à autre, et à propos, flatter en ces âmes dégradées quelques instincts généreux. Aussi, pour la majorité des membres honnêtes des sociétés secrètes, esprits confiants et enthousiastes en qui sont surexcités les plus nobles élans de l'âme, les plus pures aspirations du cœur, avant qu'on les rabaisse à ces jouissances corporelles et grossières que leur prêche plus tard une doctrine matérialiste, quoi de plus séduisant que ces mots : liberté, égalité, fraternité? Ce dernier surtout, n'est-ce pas en son nom que, compagnon d'un *devoir*, il apporte chaque semaine, chaque mois, sa cotisation fraternelle pour aider le compagnon sans travail ou malade ; heureux s'il n'eût point connu d'autre association fraternelle ; si, profitant d'un instant de colère ou de découragement, à la faveur de ce mot fraternité, un de ces émissaires, agents secrets de discordes civiles (l'un d'eux ne l'a-t-il pas dit à la tribune), n'était venu un jour lui glisser à l'oreille de coupables et pernicieux conseils de révolte.

Au moyen âge, ce fut ce mot ou celui d'*amitié* qui sut former dans tous les Etats de l'Europe ces nombreuses corporations d'artisans, ces confréries d'artistes qui, fortes de leur organisation religieuse et libé-

rale, purent, durant tant de siècles, sauve-
garder leurs intérêts et leurs libertés contre
tout ce que pouvait avoir de tyrannique et
de vexatoire le régime de la féodalité. C'est
grâce à ces corporations de métiers que,
d'abord dans les communes, puis dans les
Etats, parvint à se faire jour cet esprit de
liberté civile qui devait plus tard triompher
d'une monarchie de quatorze siècles. Quoique
animées par le sentiment religieux, l'organisation de ces confréries, excellente pour la ré-
sistance contre toute tyrannie, était trop favo-
rable à l'attaque pour que, s'aidant de leurs
formes mystérieuses, les hérésies du temps
ne cherchassent point par leur moyen à s'in-
filtrer secrètement dans le corps social. Toutes n'y surent pas échapper. Quelques-unes
de ces corporations qui, aujourd'hui, répon-
draient à celles de l'industrie du bâtiment,
se rattachèrent évidemment par quelques
points à la grande hérésie des chevaliers du
Temple. On ne saurait en douter aujourd'hui
d'après certaines traditions maçonniques. —
Au xve siècle, la réforme de Luther et de
Calvin trouva là aussi de puissants secours
pour pouvoir travailler les classes populaires.
Enfin au xviiie siècle, de même que de notre
temps on se servit du carbonarisme, l'organisation hiérarchique d'une de ces corporations, celle des maçons, détournée de son

but primitif, fut tout à coup remise en honneur. Partout une impulsion vigoureuse fut
donnée à la franc-maçonnerie, pour servir à
la propagande de la fameuse école philoso-
phique du temps. Une guerre acharnée fut
déclarée au sentiment religieux, que, sous
toutes ses formes, on poursuivit au cri de
tolérance : Ecrasons l'infâme ! L'esprit chrétien, d'amour et de charité fit place à la philanthropie, et désormais la liberté, l'égalité
et la fraternité furent prêchées, non plus au
nom du Christ, mais au nom de l'humanité,
réhabilitée, exaltée aux dépens de Dieu. Tel
fut le sens réel de ce dogme, enseigné par les
constituants de 89 et pratiqué, comme on le
sait, par les conventionnels de 93 ; tel il a
été continué et développé par nos révolutionnaires du 24 février. En vain réveillées à
l'acclamation bruyante de leur devise sacra-
mentelle, vîmes-nous quelques loges maçonniques promener processionnellement leurs
bannières bariolées d'hiéroglyphes symboliques ; elles n'ont pu faire prendre le change
à l'opinion. Depuis longtemps finies, après
avoir, sans trop s'en douter, sous le direc-
toire et l'empire, aidé aux complots roya-
listes, sous la restauration secondé l'opinion
libérale, la maçonnerie n'avait guère fait
sous le règne précédent que crier : A bas les
jésuites ! et vive la réforme ! et sauf une loge

ou deux qui, plus avancées, avaient servi peut-être à embaucher quelques têtes dérangées de la bourgeoisie, là se bornait toute la part d'influence qu'elle pouvait s'attribuer dans la catastrophe de février. Dépassés par les jacobins, les francs-maçons devaient l'être encore par nos socialistes révolutionnaires.

———

VI.

Ainsi édifié sur le caractère fondamental et essentiellement révolutionnaire qu'a reçu du temps et des hommes le dogme républicain, je demande si une telle devise, dont le sens anarchique a jusqu'alors toujours fait la force de toutes ces secrètes associations liguées pour la ruine de la société, peut être adoptée par cette même société comme une égide inviolable qui puisse la défendre contre cette foule sans cesse renaissante de sectes impies et de doctrines ennemies, qui chaque jour redoublent leurs attaques. Une voix intime et l'expérience du passé comme du présent nous font hautement répondre non! Nous le ferons avec plus de force encore, appuyés sur la logique et la raison. Prenons chacun des trois termes de votre devise; ah! sans doute, chacun d'eux pris séparément offre un sens magnifique, et dans le cours de cet écrit on ne peut à cet égard surprendre chez moi soit une pensée, soit une parole de haine contre la liberté, contre l'égalité et contre la fraternité; et un instant, pourquoi rougirais-je d'en faire l'aveu? ne me suis-je pas laissé entraîner à acclamer avec toute la nation la nouvelle devise de la constitution? Mais pourquoi ces trois termes réunis établissent-ils, et par déductions logiques, un corps de doctrines que le pays tout entier repousse ainsi que ses apôtres? C'est que, quoi que ceux-ci disent, quoi qu'ils fassent, quelques ménagements de paroles, quelques précautions oratoires dont ils usent, ils n'ont pu dissimuler cette foudroyante découverte, qu'ainsi que nous voyons plusieurs négations arriver forcément à valoir une affirmation, la réunion de ces trois principes, liberté, égalité, fraternité, conclut fatalement à la négation de ce dont chacun d'eux se dit l'affirmation. Paradoxe, me dira-t-on. — Oui, peut-être paradoxe hier, mais à coup sûr vérité aujourd'hui, et axiome demain. — Je le prouve. — Dépouillez tout luxe de langage et argumentons.

VII.

Tu es mon frère, me dites-vous, le Christ l'enseigne : *omnes fratres estis*. — C'est vrai ; — comme mon frère, tu es mon égal ; comme mon égal, tu ne peux exercer sur moi ni sur les autres aucune supériorité, aucune domination ; je suis indépendant de toi et des autres, comme eux et toi l'êtes de moi ; nous sommes libres, égaux et frères. — Théoriquement absolu, tel est le dogme. Que lui manque-t-il? La vérité, car il ment à la nature humaine. Non, celui qui m'a engendré, qui a soutenu, protégé ma vie depuis mon enfance jusqu'à ma jeunesse, ne pourra pour moi jamais être autre qu'un père, et à quelque âge de mon existence ou de la sienne, ne me verra oublier le respect et l'obéissance d'un fils. — Aussi n'exige-t-on pas cela de toi, me dites-vous, et tu abuses du sens absolu des mots. Loin qu'elle nous manque, la vérité est avec nous, car nous nous conformons à la nature humaine. Outre cette hiérarchie naturelle qui s'établit dans la famille, et que nous admettons, quoique contraire réellement au dogme absolu de l'égalité, nous reconnaissons aussi les inégalités provenant de la supériorité ou de l'infériorité de force et d'intelligence ; mais, grâce à notre organisation fraternelle et sociale, elles disparaissent. En effet, tu es mon frère ; comme tel, tu me dois assistance dans les limites de tes ressources, comme j'y suis obligé envers toi dans la limite des miennes ; ainsi le veut la loi de solidarité. — Mais si cette limite est de beaucoup inférieure à la vôtre, y a-t-il équité à exiger de moi autant que de vous ? — Aussi exige-t-on moins ; car il est dit : Il sera beaucoup demandé à celui qui possède plus. — Mais alors que devient l'égalité ? — Elle naît d'une plus juste répartition due à la loi des compensations. Cette assistance que tu réclames de moi en raison de la supériorité de mes ressources me coûte autant qu'à toi celle qu'on en réclame dans la limite des tiennes inférieures aux miennes. — Qu'en sais-je ? où est la loi, la règle nette et précise qui puisse mesurer cette limite ? que sais-je s'il ne vous en coûte pas moins qu'à moi ? et à ce soupçon d'inégalité, si la méfiance s'empare de mon cœur, que devient, je vous prie, la fraternité ? — Ce soupçon jaloux, ton esprit le repoussera ; il ne doit point prévaloir contre le principe de fraternité. — Soit. Si je m'y refusais, je sais qu'une *contrainte fraternelle* saurait m'y forcer. Je cède en silence; je prête l'assistance qu'on réclame, et j'attends la compensation. Mais quand viendra-t-elle? Je viens d'acquitter ma dette fraternelle, et à l'instant un autre que vous m'aborde pour me dire : Tu as et tu peux plus que moi, tu me dois plus que je ne te dois. Mais il n'importe, car il nous en coûte à tous deux tout autant. — Qu'en savez-vous? Déjà votre frère n'a-t-il point épuisé ma bourse? la fatigue ne tient-elle pas mon corps et mon esprit? — N'importe, obéis. — Cédons encore, ainsi le veut la loi de la fraternité aux dépens de l'égalité, ainsi l'exige le principe d'égalité en violant celui de la fraternité. Cependant, ô contrainte cruelle! si je me dois ainsi à tous, quelle heure, quelle minute puis-je avec certitude consacrer aux miens, à ma famille, à ceux que j'aime, et enfin à moi-même? Ne voyez-vous pas qu'à tout instant de ma vie vous vous êtes décerné le droit de venir violenter la liberté de mes affections et de mes pensées? Si tout le monde est mon frère, je n'ai plus de frère, et me faut-il me dépouiller de ma personnalité? Non, vous l'avez dit, c'est impossible, vous ne voulez ni ne pouvez mentir à la nature humaine, et vous me laissez ma liberté que supprimaient vos principes absolus de fraternité et d'égalité. Mais alors vous, que la force de la réalité

fait dévier de la théorie pure, vous qui, par
une modération tardive, désertez une logique cruelle mais vraie, oubliez-vous, me
faut-il vous démontrer que ces deux principes absolus de fraternité et d'égalité qui,
nous l'avons vu, suffisaient à s'anéantir l'un
l'autre, c'en est fait entièrement d'eux par
l'exercice seul de mon droit de liberté? Que
devient maintenant votre triple devise, votre
dogme républicain? — Il existe toujours,
répondez-vous; car si, pour ne pas mentir à
la nature humaine, j'ai dû renoncer à l'ap-
plication absolue de la fraternité et de l'é-
galité, par une modération semblable tu
renonceras à user du droit absolu de liberté;
et ainsi tombe ton argumentation, — mais
non sans vous avoir, à votre insu, conduit
sur les limites de l'erreur et de la vérité, non
sans en avoir surtout fini avec d'autres plus
hardis que vous, quel que soit le langage
exagéré qu'on ait pu me reprocher de mettre
en votre bouche, avec d'autres plus auda-
cieux qui, plutôt que de trahir la logique, et
renoncer par modération, comme vous, aux
conséquences naturelles de votre théoric fraternelle et égalitaire, préfèrent lutter contre
la nature de l'homme, qu'ils prétendent,
les insensés! pouvoir changer et réformer.
A ceux-là j'ai prouvé de façon péremptoire,
qu'ils tuent la fraternité par l'égalité, la li-

berté par toutes les deux, et chacune d'elles par la liberté, et le terrain ainsi déblayé, je viens à vous pour faire briller à vos yeux, dans sa plus éclatante évidence, la vérité dont j'ai dit qu'à votre insu je vous avais fait approcher.

VIII.

Il vous est prouvé, à vous comme à moi, que les trois principes absolus ne peuvent vivre ensemble, et qu'il les faut tempérer, c'est vous qui l'avez dit, par le principe de modération, le principe de tempérance, comme l'appelle l'un de vos plus modérés doctrinaires de *la Vraie Démocratie*. Mais ce principe modérateur sans lequel, vous l'enseignez, votre dogme est anarchique, ce principe où est-il écrit? Lequel de ces trois mots qui couronnent le faîte des monuments publics, afin (pensée noble et généreuse) de rappeler ainsi à tout instant chacun des citoyens au souvenir de ses droits et de ses devoirs; lequel de ces trois mots sacramentels leur enseigne ce principe de modération? Qui leur fera comprendre que, selon vous, la liberté c'est la vertu, l'égalité la justice, et la fraternité l'amour, la tempérance, la modération, que sais-je? Ah! en vain vous vous débattez, en vain prétendez-vous que la science et la psychologie la plus profonde n'eussent pas mieux trouvé que cette devise due, selon vous, au seul instinct populaire, et, selon moi, à toutes les sociétés secrètes, je ne vois alors que le vide de votre philosophie impuissante. En vain vous vous écriez : Ces mots, ne les trouvons-nous pas dans un livre sacré? la loi chrétienne ne les a-t-elle pas proclamés? Car, par une hypocrite impiété, contraints de céder à la force de ce grand mouvement religieux qui pousse tous les esprits, vous tous réformateurs, démocrates ou socialistes, ne craignez pas aujourd'hui de parer vos doctrines du grand nom de Christ, et d'un parfum d'Evangile. A quoi je réponds : N'y avez-vous vu que ces mots-là? n'y est-il parlé que d'eux seuls? n'y est-il rien dit du principe sans lequel pas un gouvernement, pas une constitution ne pourra s'asseoir sur une base inébranlable, sans lequel votre édifice politique, quel qu'en soit le mécanisme ingénieux, simple ou compliqué, sage ou absurde, ne reposera que sur un sable mouvant, et s'écroulera au premier souffle des passions populaires? Ce principe, le seul et véritable frein températeur que votre science cherche encore pour modérer dans sa course le char de la démocratie, que vos subtilités métaphysiques s'efforcent en vain de suppléer dans le gouvernement républicain, c'est le principe d'autorité qui en demeure exclu de par la devise révolutionnaire.

—————

IX.

Autorité! voilà le mot puissant et fécond que je voudrais voir écrit sur tous les édifices, et surtout au fond du cœur des citoyens; que je voudrais vous voir proclamer le premier, vous qui m'assurez que la vertu est le principe des démocraties, qu'elle seule est la base de toute hiérarchie républicaine; car je suis loin de vous ranger au nombre de ces furieux qui repoussent toutes les hiérarchies politiques, toutes les hiérarchies sociales. Sans hiérarchie, point de gouvernement, point de société possibles; et sur ce point, d'accord avec nous, vous ne vous lassez d'inspirer aux citoyens le respect des lois et des magistrats qui les appliquent. Vous les invitez à se dépouiller de cet esprit jaloux et hostile contre le pouvoir et ceux qui en sont les dépositaires. Mais comment y réussir, si au sommet ou à la base de votre triangle vous ne consentez à inscrire le mot AUTORITÉ! Serez-vous plus heureux, tant que vous ne reconnaîtrez pas ce qu'il y a d'équivoque dans votre mot *égalité?* Chaque citoyen devra-t-il lire Aristote ou Platon, dans vos traductions, pour apprendre que l'égalité n'est pas l'abaissement, mais l'élévation du niveau commun, ne doit pas détruire l'émulation au profit de l'envie, qu'enfin c'est la justice? Que ne l'appelez-vous *équité* au lieu d'*égalité!* Ainsi l'a dit un célèbre publiciste, l'équité rend justice à chacun suivant son mérite, l'égalité selon la jalousie d'autrui. Enfin place la plus large, la plus généreuse, au principe de *liberté*, ce droit inaliénable de l'homme; je n'en puis redouter les excès, les sachant prévenus et corrigés d'avance par le principe d'*autorité*, respecté de tous, et lui-même limité dans tout ce qui pourrait blesser la *liberté* la plus ombrageuse par le principe modérateur l'*équité*, qui tempère les deux autres.

Ainsi composée, votre devise : *Liberté, équité, autorité,* forme le seul vrai dogme civil sur lequel puisse se fonder une constitution. Moins brillant peut-être, moins séduisant, ce langage est celui de la loi, clair, net et précis comme celui de nos codes, une des gloires de notre génie français; tel doit être le langage de toute loi humaine qui ne peut avoir qu'un sens fini et positif, limité et borné comme le génie de l'homme son auteur, impuissant copiste des lois sublimes et infinies de Dieu. Mais cette œuvre d'une froide raison laisse en vous quelque chose qui murmure; je le sais, et crois l'avoir signalé; c'est ce pur sentiment que naguère a réveillé en vous le mot religieux fraternité. Ici la cité fait place à la religion, le citoyen disparaît devant le chrétien; que peut alors le législateur dans son humilité? soumettre pieusement son œuvre à l'œuvre divine, et en les proclamant et inscrivant au fronton des édifices civils et religieux, appuyer le dogme civil : LIBERTÉ, ÉQUITÉ, AUTORITÉ, sur le dogme religieux : FOI, ESPÉRANCE et CHARITÉ. — La FOI, source de toute autorité; l'ESPÉRANCE, confiance dans la divine équité, source de toute justice, et enfin la CHARITÉ, c'est-à-dire l'amour, l'amour infini de ses semblables, la source de tous ces trésors que dispense le cœur, la source de toute fraternité, de toute bienfaisance, de toute philanthropie, termes sonores qui n'ont pu et ne pourront jamais faire oublier la charité, vertu sublime d'amour, où contre toute tyrannie vous trouverez toujours la plus inviolable sauvegarde de votre liberté.

Je m'arrête. J'aurais craint de dépasser les justes bornes que je me suis efforcé d'imposer à cet écrit. De plus longs développements eussent rebuté peut-être le grand nombre de lecteurs indifférents pour qui le sujet pourrait sembler manquer d'importance ou d'à-propos. C'est pourtant cette erreur funeste que je me suis appliqué à déraciner. Comment ne voit-on pas que ce qui prête tant de force à nos ennemis, c'est d'avoir sans examen accepté le terrain fâcheux sur lequel ils nous combattent ; concession funeste d'un principe faux qui nous tue ?

Non, cette thèse ne manque ni d'importance ni d'à-propos ; ce qu'on lui peut reprocher, c'est l'insuffisance de celui qui l'a posée ; mais viennent de plus habiles défenseurs, et

Il s'en présentera, gardez-vous d'en douter.

La vérité et les arguments ne leur feront pas défaut.— En effet si le temps actuel convenait aux livres, il y avait là certainement matière à tout un volume; plus d'une question difficile s'offrait à la discussion.

Quand dans le domaine moral le terrible problème de la liberté humaine enchaîne encore la raison de plus d'un penseur philosophe ou chrétien, comment prétendre le résoudre d'une manière absolue dans le domaine politique?

Si le droit naturel sert de base primitive au droit civil et politique, qui oserait affirmer que l'égalité naturelle n'existant pas, l'égalité politique absolue est néanmoins réalisable?

Enfin, aux sublimes enseignements de la charité chrétienne, la pensée, involontairement, n'opposerait-elle pas le sanglant contraste des excès fratricides inspirés par d'autres doctrines de la fraternité?

Je n'ajoute plus qu'un mot. Ce ne fut sans motif que les constituants de l'an III remplacèrent les trois mots : liberté, égalité, fraternité par ceux-ci, plus prudents, mais insuffisants : *L'union fait la force*, devise qui devait, en 1848, disparaître des écus de cinq francs, pour nous montrer par une grotesque métamorphose, sous un Hercule à peau de lion, je ne sais qui de l'égalité ou de la fraternité. Fiction qui n'est pourtant pas la plus forte de toutes les fictions républicaines destinées à dépasser de bien loin dans l'avenir les célèbres fictions constitutionnelles autrefois si raillées.

Plus habile à lire dans les destinées du pays, un grand homme que son génie fit asseoir sur le trône, eut comme conscience du vœu d'un de nos rois qui consacre la France à la mère du Christ, et trouva pour devise cette sublime invocation qui nous reste encore, et seule nous sauve :

DOGME CIVIL.

LIBERTÉ. — ÉQUITÉ. — AUTORITÉ.

DOGME RELIGIEUX.

FOI. — ESPÉRANCE. — CHARITÉ.